Les règles

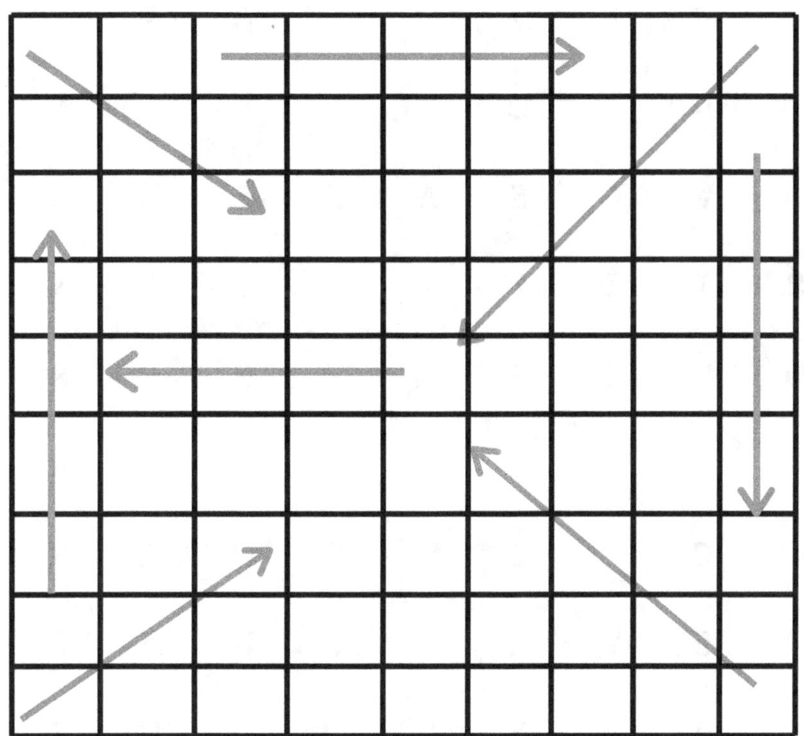

Astuce : Surligner ou barrer le mot à chaque fois que vous en trouvez un.

Noël ~~Noël~~

La magie de noël

```
Z  T  G  U  F  E  S  T  I  V  I  T  E  S
C  O  M  M  E  M  O  R  A  T  I  O  N  M
P  R  T  A  I  Q  C  Z  F  E  S  O  P  A
E  S  G  V  C  S  W  E  E  N  K  N  C  G
C  A  R  T  I  F  I  C  E  S  S  M  H  H
N  E  U  Q  I  G  A  M  R  E  R  Y  A  I
E  G  X  O  I  Y  E  D  I  M  R  S  N  K
I  A  C  C  Z  I  H  F  Q  A  K  T  D  L
T  T  R  E  V  Z  I  E  U  A  F  I  E  M
A  R  T  A  E  E  P  L  E  U  T  Q  L  R
P  A  N  O  I  N  U  M  M  O  C  U  L  E
M  P  C  H  A  M  P  A  G  N  E  E  E  V
I  I  G  E  N  E  R  O  S  I  T  E  S  E
D  B  R  I  L  L  A  N  T  E  A  Z  I  S
```

FEERIQUE BRILLANT REVES COMMUNION MYSTIQUE ARTIFICES
CHAMPAGNE FESTIVITES MAGIQUE GENEROSITE CHANDELLES
IMPATIENCE COMMEMORATION PARTAGE

La nourriture

```
C  H  B  I  G  O  R  N  E  A  U  R  L  C
Y  E  T  I  L  I  A  F  A  R  C  E  R  H
C  S  C  W  E  E  G  H  M  Y  J  L  L  O
Z  C  R  A  S  H  F  O  D  E  V  A  M  C
O  A  E  R  E  I  D  M  T  V  L  N  K  O
U  R  V  R  N  O  C  A  H  O  T  G  H  L
E  G  E  O  G  A  D  R  V  K  C  O  J  A
H  O  T  G  I  M  A  R  R  O  N  U  E  T
F  T  T  C  A  L  K  E  B  G  I  S  U  E
I  S  E  R  T  O  A  S  T  S  V  T  I  P
U  U  S  E  A  U  Y  R  E  I  B  I  G  M
Q  I  E  T  H  Q  B  G  O  Z  T  N  V  E
A  Z  K  O  C  S  A  N  G  L  I  E  R  T
L  O  I  S  E  L  L  I  A  U  T  C  I  V
```

ESCARGOTS BIGORNEAU CHATAIGNES TOASTS VICTUAILLES
CREVETTES CHOCOLAT SANGLIER GIGOT LANGOUSTINE
HOMAR GIBIER MARRON FARCE

Quelques mots pour décrire noël

S	E	S	P	U	T	R	E	F	G	B	O	U	I
O	T	N	E	M	E	U	O	G	N	E	E	V	C
C	N	A	C	I	J	E	N	R	T	A	G	A	V
O	E	R	A	X	C	H	R	I	S	T	N	C	O
N	T	E	L	E	S	K	B	N	O	I	U	A	E
V	E	L	E	D	S	T	E	Q	S	T	O	N	U
I	D	I	N	Y	C	P	A	N	B	U	T	C	Q
V	L	G	D	E	R	O	O	C	M	D	M	E	I
I	O	I	R	A	L	D	S	I	D	E	A	S	L
A	Y	E	I	L	I	O	R	E	R	Z	N	D	O
L	B	U	E	W	M	A	U	W	Y	H	T	E	B
I	M	X	R	X	C	R	H	I	V	E	R	T	M
T	S	Y	M	L	T	I	A	H	U	O	S	E	Y
E	B	P	E	V	Z	N	I	E	R	A	P	I	S

ESPOIR BEATITUDE ENGOUEMENT MIRACLE DONS RELIGIEUX
SYMBOLIQUE DETENTE VACANCES SOUHAIT CALENDRIER
CHRIST CONVIVIALITE HIVER

Cadeaux

J	P	P	R	R	E	C	E	V	O	I	R	T	E	
N	O	Z	A	E	G	A	L	L	A	B	M	E	N	
O	U	U	J	S	P	E	C	L	E	R	U	H	F	
S	P	Q	E	N	S	P	A	E	T	L	U	D	A	
A	E	S	U	T	Z	I	R	U	Q	A	D	N	N	
P	E	S	X	P	I	N	O	W	L	L	P	M	T	
I	S	N	D	D	O	F	T	N	G	E	A	O	X	
N	J	A	B	M	F	A	Q	U	L	T	X	U	L	
T	U	B	X	R	I	B	E	U	F	T	H	E	T	
E	D	U	I	K	F	N	C	D	J	R	M	D	O	
S	A	R	M	D	F	H	T	C	W	E	L	F	I	
R	E	K	U	G	E	U	O	P	I	R	K	K	A	
L	J	S	O	S	E	T	U	A	E	V	U	O	N	
O	X	X	H	F	R	I	P	E	E	O	Z	V	A	

JOUET ENFANT ADULTE PASSION LETTRE JEUX
OFFRIR RECEVOIR POUPEES PELUCHES RUBANS
EMBALLAGE SAPIN NOUVEAUTÉS

Vêtements

L	P	R	O	B	E	T	T	R	O	U	I	C	W
M	U	A	E	P	A	H	C	A	K	N	S	G	R
A	F	H	U	O	W	X	H	E	N	A	N	C	E
N	O	E	V	R	E	A	I	T	V	I	O	S	S
T	G	L	E	I	P	H	C	F	P	U	E	E	I
E	N	L	X	N	X	U	I	P	E	M	V	M	D
A	I	U	G	G	A	N	O	X	U	Z	C	O	R
U	S	P	U	A	G	H	N	T	T	R	M	R	A
X	S	Q	Y	R	S	N	S	T	N	U	J	G	L
H	E	Y	A	D	A	O	L	V	E	E	A	I	U
S	R	H	R	F	C	C	H	I	D	N	X	N	O
E	D	C	R	M	P	A	I	C	T	E	N	I	F
T	H	E	Y	A	R	G	R	S	Q	V	L	O	L
P	N	R	M	Z	E	B	O	T	T	E	S	P	B

BONNET FOULARD GANTS BOTTES COSTUMES MANTEAU
DRESSING CHAPEAU ROBE PULL CHIC
RINGARD RAYE SHOPPING

Météo

```
M  A  K  R  E  C  H  A  U  F  F  E  R  S
Z  N  H  A  Z  L  B  T  U  E  L  I  W  C
O  E  O  F  E  U  N  E  F  N  Q  B  M  O
D  I  X  Z  Z  A  R  M  R  M  S  L  E  U
D  G  V  G  E  L  E  P  A  P  E  I  G  V
S  E  A  V  O  G  V  E  I  E  G  Z  U  E
A  Y  Q  G  S  C  U  R  C  R  U  Z  O  R
L  P  Z  I  Q  H  N  A  H  A  L  A  L  T
G  O  P  V  A  A  K  T  E  E  H  R  L  U
R  L  T  R  T  L  W  U  U  Z  I  D  S  R
E  G  N  E  C  E  D  R  R  O  K  J  M  E
V  R  X  T  A  U  S  E  F  U  H  C  E  R
X  G  U  R  I  R  E  S  N  O  C  O  L  F
I  S  A  I  S  O  N  N  A  L  I  T  E  F
```

NEIGE GELE FRAICHEUR GIVRE LUGES CHALEUR
FEU FLOCONS COUVERTURE RECHAUFFER SAISONNALITE
TEMPERATURE VERGLAS BLIZZARD

24 décembre

```
M  I  T  I  U  E  S  A  G  H  X  O  R  R
C  A  V  I  A  R  E  T  I  F  L  L  I  D
H  F  T  K  W  E  U  H  A  M  N  E  V  E
E  M  A  N  O  I  N  U  E  R  I  V  C  S
M  Q  C  C  U  F  E  L  L  I  M  A  F  S
I  V  D  I  S  U  T  N  E  V  A  P  N  E
N  C  A  P  E  R  I  T  I  F  S  G  I  R
E  E  N  R  E  V  E  I  L  L  O  N  O  T
E  K  K  E  D  H  A  I  F  R  P  T  Q  L
T  Y  A  P  Q  C  H  A  N  T  S  A  I  Z
Y  M  V  A  K  R  I  G  O  L  A  D  E  V
P  E  X  S  O  Z  C  C  I  A  R  V  Q  R
X  S  F  I  T  A  R  A  P  E  R  P  V  E
A  Y  Y  N  O  T  R  X  T  I  U  N  I  M
```

REVEILLON AVENT REPAS TENUES APERITIFS FAMILLE
CHANTS DESSERT REUNION CHEMINEE PREPARATIFS
CAVIAR RIGOLADE MINUIT

25 décembre

```
N I T A M E R U T R E V U O
O F T E N K X I R A N N L M
E E N O I T I D A R T Q E T
L R E B S L S E M R A L X I
A K F R P R I E Q C O U T N
A J E L T E I N G X P Z A E
N B R Z B M R D A O B H S C
O C I A F N Z E J H L J I N
I O E A R O W B N M T U E A
T U Y P E R Y N E O L A C S
O T C R I E S K M U E M W S
M A Y T N Q W S E I R L O I
E N T H O U S I A S T E I A
P R E S E N T S S E T E F N
```

PRESENTS OUVERTURE NOEL NAISSANCE EMOTION MATIN
TRADITION FERIE PERENOEL FETE CRIES
LARMES EXTASIE ENTHOUSIASTE

Gourmandise

```
P  N  A  C  O  N  F  I  S  E  R  I  E  S
S  V  O  X  S  Z  E  F  S  M  T  R  I  N
A  O  X  U  W  S  P  U  C  C  S  L  E  D
E  G  J  H  G  S  B  A  A  E  I  C  Z  W
I  A  V  E  T  A  N  I  C  R  C  S  P  L
R  T  P  B  V  P  T  I  T  O  R  V  V  C
E  B  R  U  A  J  L  H  T  Z  O  T  P  A
S  Q  O  N  G  E  T  A  Q  S  X  K  I  R
S  P  L  I  D  R  X  R  I  T  E  N  I  I
I  R  O  B  S  E  K  C  E  S  X  F  B  E
T  U  N  V  U  S  L  O  E  A  I  A  A  S
A  N  G  Z  C  A  O  P  K  S  C  R  O  K
P  J  E  G  R  E  M  N  X  E  C  L  U  Y
Y  A  R  D  E  G  B  W  S  A  V  E  U  R
```

NOUGAT BOISSONS SUCRE COOKIE PATISSERIE CONFISERIES
ABUS EXCÈS PROLONGER PLAISIR FESTINS
DELICES CARIES SAVEUR

Tendresse

E R T P B B E A E M I T N I
T C A L I N S N O P I P T V
O U M U S G C G X R A O A T
Q Z F T O W X E U B M S K E
A R G G U I Y L E D O I D L
J K E A S Q F I R E U T L L
H C O S Y P A Q U T R I L I
E W D B E E R U E O V V A U
M R I C R A C E L R C I Z O
T X H Q I O U U A U K T E D
F I E M R E Q I H O P E N T
C A L I U N S G C T U R E V
E P A N O U I S S E M E N T
E T D W S E N B V R K H C Z

CALINS BISOUS GUI EPANOUISSEMENT PAIX SOURIRE
RETOUR POSITIVITE ANGELIQUE DOUILLET INTIME
COSY CHALEUREUX AMOUR

Marché de noël

```
S P C L A D E C O R S Q A S
Z V P M U S I Q U E S U N C
H S I L L A M D S K V O I I
S J A N E J T T Y E I R M N
P C M A S G E U R T S Z A T
E H Y K E L T S A C I V T I
C O D M A G W R Z P T O I L
I R M H L A O B R N E E O L
A A C T Z C O W B Q S E N A
L L Y H E G E N A M U D P N
I E K D I Y Z Z Y E T N L T
T S P E C T A C L E S B O O
E P O S E R T N O C N E R X
S P A C R B G H R R A M Q W
```

VINS CHORALES DECORATIONS SCINTILLANT MUSIQUES
SPECTACLES RENCONTRES VISITES DECORS CHALETS
MANEGE ANIMATION SPECIALITES

Existent-ils vraiment ?

I	M	Z	C	C	R	F	E	E	R	I	E	A	L
N	L	Q	L	E	T	T	R	E	Z	Y	Q	M	V
L	G	C	G	E	Y	R	Y	B	V	T	V	R	Y
A	C	R	H	H	A	E	J	U	O	W	D	E	R
E	N	O	U	P	A	V	K	A	L	X	N	N	I
R	A	Y	X	L	Z	E	D	E	E	C	S	N	I
E	D	A	U	O	W	U	O	N	R	V	N	E	G
T	P	N	Q	D	C	R	D	I	U	U	I	U	Q
N	M	C	W	U	B	Z	N	A	A	I	T	R	M
O	L	E	B	R	A	B	F	R	E	J	U	H	L
C	O	B	T	R	K	E	C	T	T	K	L	J	C
Q	T	L	A	P	O	N	I	E	S	A	M	I	X
Z	I	N	M	T	L	E	O	N	E	R	E	M	Z
Q	I	R	R	A	T	I	O	N	N	E	L	X	A

RENNE LUTINS VOLER TRAINEAU IRRATIONNEL REVEUR
RUDOLPH CROYANCE CONTE BARBE LAPONIE
MERENOEL LETTRE FEERIE

Noël à travers le monde

```
Q U T R A D I T I O N S V K
C C P S R E K C A R C E I I
H O U X M E R O T H J A A C
R I D O P V V M H N Y B C E
I S D C T O R M A G H G Q L
S I I D W Y A U N T Z J K E
T B N R R A N N K L T E T B
M A G E S G Z Z S H E U Q R
A S B Y L E N I G R P P Z A
S A N T A S U Q I F F E W T
B I S C U I T S V E U O L I
C N T Z N O R D I Q U E B O
K T A D D R U I N R W C E N
E S A P Y I L J G K Y N M O
```

CHRISTMAS PUDDING SANTA MAGES CRACKERS VOYAGE
TRADITIONS COMMUN SAINTS BISCUITS THANKSGIVING
NORDIQUE CELEBRATION HOUX

Décoration intérieure

```
N  T  Y  U  M  Z  S  E  I  G  U  O  B  A
L  Z  W  H  U  U  N  O  L  L  I  R  A  C
E  A  T  X  I  O  F  Q  C  F  N  C  B  P
C  B  S  E  T  T  E  S  S  U  A  H  C  R
D  X  E  R  W  N  U  B  B  C  D  A  Y  E
I  Q  R  H  C  E  M  I  H  O  R  N  L  P
L  L  K  Z  T  D  Y  A  E  U  E  D  S  A
F  J  A  J  R  U  U  D  E  R  S  E  S  R
T  N  E  M  E  N  R  O  N  O  S  L  V  A
W  R  I  V  V  T  O  R  I  N  E  L  B  T
R  Z  X  W  J  H  U  E  M  N  S  E  E  I
S  C  N  I  T  I  G  E  E  E  L  S  K  O
I  T  P  A  G  B  E  B  H  D  A  V  M  N
W  I  T  N  A  L  L  E  C  N  I  T  E  S
```

BOUGIES CHANDELLES CHAUSSETTES PREPARATIONS ADRESSE FEU
CHEMINEE CARILLON DOREE ORNEMENT COURONNE
ROUGE VERT ETINCELLANT

Décoration extérieure

```
B  I  L  L  U  M  I  N  A  T  I  O  N  S
N  A  V  B  O  N  H  O  M  M  E  R  Z  X
I  H  W  E  Q  R  R  A  M  U  L  I  L  M
D  K  E  L  R  E  C  X  Y  T  T  Q  B  A
R  Q  S  E  I  D  E  L  O  P  M  L  C  J
A  R  Y  N  W  X  U  D  E  H  U  I  P  E
J  O  E  K  K  M  J  R  A  Y  H  T  L  S
A  R  Z  X  I  E  S  U  E  C  M  B  N  T
G  C  C  N  T  O  X  U  E  S  A  G  N  U
Q  R  E  Z  N  I  D  D  A  L  F  F  Z  E
W  U  Q  N  S  H  U  Y  F  T  E  I  L  U
X  J  A  R  E  E  U  N  O  P  C  D  Z  X
S  G  N  L  K  T  O  P  A  R  J  I  J  X
E  S  C  Z  E  G  A  R  I  A  L  C  E  H
```

VERDURES LUMINEUX GONFLABLE LED FACADE PERSONNAGE
CHIC BONHOMME NUIT GRENIER ILLUMINATIONS
MAJESTUEUX ECLAIRAGE JARDIN

14 mots pour décrire noël

S	S	M	L	E	D	U	T	I	B	A	H	W	X
B	A	F	E	T	E	S	V	S	R	O	U	J	C
L	E	X	R	E	L	A	X	A	T	I	O	N	U
P	N	S	A	C	R	E	T	R	E	S	D	D	L
Q	F	H	C	T	N	A	P	M	I	P	X	M	T
H	A	G	Y	B	X	E	E	K	G	O	R	Z	E
V	N	E	N	S	E	M	B	L	E	C	B	L	T
N	C	T	T	Y	X	U	E	Y	O	J	R	E	Z
B	E	D	F	I	A	Z	R	U	E	P	U	T	S
Y	Q	X	F	R	O	I	D	I	Q	Z	M	L	B
R	E	O	F	G	H	N	I	V	I	D	V	Z	S
E	C	B	V	D	A	A	R	O	M	K	Y	T	P
A	R	E	L	I	G	I	E	U	X	T	R	Z	H
V	B	I	U	E	G	H	L	K	E	S	S	E	M

RELIGIEUX DIVIN FROID JOYEUX ENSEMBLE PIMPANT
SACRE RELAXATION HABITUDE FETES ENFANCE
STUPEUR CULTE MESSE

La naissance

```
A  C  U  L  T  U  R  E  L  L  E  Q  F  G
G  T  U  P  Y  E  S  I  L  G  E  P  E  M
E  C  N  A  S  S  I  A  N  E  R  M  O  C
W  X  E  A  V  C  J  H  I  H  S  Z  B  H
E  T  C  L  O  C  H  E  D  I  O  L  I  R
T  Q  Z  A  J  K  V  D  L  S  L  M  B  E
I  U  R  R  F  I  S  O  K  T  S  N  L  T
V  J  E  S  U  S  B  K  L  O  T  C  I  I
I  Z  R  E  E  M  K  W  Z  I  I  V  Q  E
T  S  E  J  Y  B  D  E  Q  R  C  O  U  N
A  F  H  S  K  A  U  L  L  E  E  V  E  J
N  E  V  A  N  G  I  L  E  B  B  W  X  S
Z  J  T  A  L  L  E  L  U  I  A  M  N  E
A  Q  P  P  C  R  O  Y  A  N  C  E  T  R
```

JESUS SYMBOLISME HISTOIRE ALLELUIA BIBLIQUE NATIVITÉ
CLOCHE EGLISE SOLSTICE CROYANCE CHRETIEN
RENAISSANCE CULTURELLE EVANGILE

Echange

```
R  A  E  T  I  U  T  A  R  G  X  C  V  D
P  N  R  T  Q  A  H  M  S  B  E  E  I  Z
A  O  K  L  H  C  J  E  R  R  D  S  S  Y
R  I  Q  W  T  B  N  O  B  N  C  R  D  V
T  T  E  U  T  N  C  Q  A  U  I  E  J  K
I  P  N  N  E  A  M  R  S  N  M  T  L  P
C  E  R  R  N  I  F  S  E  U  R  A  R  A
I  C  T  T  V  F  I  V  N  E  R  I  O  P
P  E  Z  O  O  U  I  Y  C  E  C  L  Q
A  R  V  E  N  O  S  A  N  R  G  G  E  R
T  F  R  S  S  F  N  Z  E  W  H  J  K  J
I  M  E  R  Q  N  G  S  I  N  C  E  R  E
O  L  J  D  O  N  A  T  I  O  N  F  T  X
N  R  E  M  B  O  U  R  S  E  M  E  N  T
```

DEMUNIS OFFRANDE BROCANTER MONNAYER PRIERES DISCUSSIONS RECEPTION REMBOURSEMENT PARTICIPATION ETRENNES DONATION GRATUITE SOUVENIRS SINCERE

Repas de noël

```
C  X  X  B  U  L  L  E  S  Q  H  J  K  L
N  E  B  V  K  J  H  Z  N  A  P  P  E  S
A  N  E  R  E  C  E  T  T  E  S  P  I  Z
A  T  H  I  C  A  N  A  P  E  S  A  X  V
M  R  C  R  D  T  Y  H  J  L  K  G  C  C
Z  E  U  Q  V  E  P  U  O  C  U  N  I  I
G  E  B  V  T  N  A  L  L  I  T  E  P  A
F  Y  E  E  Q  C  V  K  L  J  H  A  Z  R
H  H  S  D  S  A  I  U  D  R  T  U  P  P
Q  U  A  N  Z  C  T  J  J  P  L  Y  M  L
V  I  S  I  N  V  I  T  A  T  I  O  N  X
H  T  L  D  R  Y  G  N  O  T  U  O  M  A
D  R  F  E  V  B  N  W  S  Z  I  M  N  A
S  E  X  C  R  A  B  E  S  P  T  J  D  Q
```

ENTREE HUITRE CRABES BULLES NAPPES AGNEAU
MOUTON DINDE BUCHE CANAPES COUPE
INVITATION PETILLANT RECETTES

L'ambiance

E	L	L	E	N	N	O	I	T	P	E	C	X	E
B	C	B	E	T	N	A	S	O	P	E	R	S	M
E	Q	H	Z	E	P	L	L	O	T	K	B	E	A
X	F	D	A	E	N	L	N	N	W	L	K	G	G
C	E	W	N	L	H	Z	A	R	E	T	E	N	N
I	L	K	I	Y	E	D	T	I	Q	M	S	O	I
T	L	Z	M	Q	I	U	R	A	S	I	C	C	F
A	O	X	E	P	S	O	R	E	P	A	L	L	I
T	F	V	E	B	H	H	P	E	R	T	N	A	Q
I	A	R	Q	P	Z	X	C	M	U	A	I	T	U
O	T	O	U	T	Y	L	I	K	J	S	G	Z	E
N	E	E	T	C	A	R	T	N	O	C	E	D	V
F	L	A	M	B	O	Y	A	N	T	E	O	P	Y
H	A	R	M	O	N	I	E	U	S	E	E	R	F

CHALEUREUSE CONGES REPOSANTE ANIMEE DECONTRACTEE
EXCITATION HARMONIEUSE EUPHORIE EXCEPTIONNELLE
PLAISANTE FLAMBOYANTE MAGNIFIQUE TREPIDANTE FOLLE

La liste au père noël

```
G  H  J  A  Z  P  R  D  D  O  U  I  Q  F
H  E  N  V  I  E  R  R  T  R  I  S  E  D
L  A  A  N  O  U  N  O  U  R  S  V  B  C
M  S  E  R  V  I  L  A  L  E  G  O  O  N
T  S  C  V  W  X  H  K  J  I  T  R  D  R
A  I  V  E  L  O  S  P  C  O  K  X  E  W
T  G  H  A  Z  A  N  N  U  R  W  Y  M  T
T  P  S  A  G  E  O  A  S  Z  V  I  A  M
E  R  X  U  A  M  I  N  A  L  Z  U  N  O
N  M  R  A  T  Y  U  D  X  J  F  L  D  F
T  I  J  H  M  O  C  S  X  W  C  D  E  H
E  A  O  R  G  A  N  I  S  A  T  I  O  N
Q  Y  T  V  Z  O  X  U  E  O  V  L  A  N
R  T  C  A  P  R  I  C  E  S  H  G  F  D
```

ENVIE DESIR NOUNOURS LEGO LIVRES VELO
PUZZLE ANIMAUX SAGE ATTENTE DEMANDE
ORGANISATION VOEUX CAPRICES

Les vœux de noël

```
I  R  I  C  H  E  S  S  E  E  X  E  W  A
L  S  P  A  T  G  H  J  T  A  U  U  S  C
P  U  A  D  B  B  O  N  H  E  U  R  E  C
E  Q  Y  N  L  E  O  S  Y  O  Z  M  R  O
M  H  H  R  T  L  M  L  H  J  R  I  E  M
S  K  X  N  O  E  N  D  F  A  E  R  N  P
I  O  P  V  Q  R  J  U  T  Q  U  U  I  L
U  C  A  I  T  A  R  I  R  A  S  E  T  I
R  I  R  E  S  C  K  H  O  N  S  L  E  R
T  A  M  I  T  I  E  O  E  B  I  L  V  E
L  S  A  Z  T  K  O  I  X  Q  T  I  D  F
A  S  F  H  T  U  E  I  O  J  E  E  B  Y
K  W  T  O  L  E  R  A  N  C  E  M  Z  M
H  B  I  E  N  V  E  I  L  L  A  N  C  E
```

SANTE BONHEUR REUSSITE JOIE AMITIE TOLERANCE
BIENVEILLANCE ALTRUISME RIRES VOLONTE RICHESSE
SERENITE ACCOMPLIR MEILLEUR

Idées cadeaux originaux

L	L	E	C	O	U	T	E	U	R	A	J	D	V
A	D	I	S	T	R	I	B	U	T	E	U	R	P
D	N	E	P	S	J	I	E	M	P	M	A	A	O
R	T	P	R	Z	R	U	I	L	O	O	H	G	R
O	F	L	O	K	E	G	P	T	Y	N	L	E	Z
N	E	A	J	K	I	S	E	S	R	T	A	U	T
E	T	I	E	Q	R	A	I	A	E	R	M	N	E
V	N	D	C	I	D	W	G	Z	T	E	P	R	R
C	I	U	T	T	N	A	N	W	S	S	E	Y	F
R	E	S	E	D	E	P	O	V	O	R	D	T	F
U	C	A	U	K	L	G	I	I	P	P	U	K	O
S	N	I	R	O	A	N	R	E	Q	M	O	J	C
Z	E	I	J	H	C	B	A	T	T	E	R	I	E
S	R	E	S	I	L	A	N	N	O	S	R	E	P

COFFRET LAMPE POSTER PEIGNOIR CALENDRIER PROJECTEUR
ENCEINTE DRONE ECOUTEUR DISTRIBUTEUR MONTRES
PERSONNALISER PLAID BATTERIE

Rassemblement

```
D  W  R  E  I  L  U  C  I  T  R  A  P  O
K  R  E  N  C  O  N  T  R  E  R  U  T  N
J  A  M  A  S  S  E  R  X  E  C  N  O  E
O  C  V  H  A  Z  Q  S  U  M  E  I  N  V
C  T  O  F  C  U  O  Q  J  M  T  O  L  E
C  N  L  Y  Z  O  I  A  E  C  M  N  L  N
A  O  O  F  I  N  L  U  E  R  S  K  I  E
S  I  N  S  U  Z  O  L  X  X  H  O  R  M
I  T  T  Q  A  V  L  L  E  S  E  N  I  E
O  P  A  V  E  O  R  I  U  C  Z  W  N  N
N  E  I  D  C  K  J  R  U  L  T  H  U  T
V  C  R  E  R  T  A  T  D  V  J  E  E  A
H  X  E  I  M  N  Q  S  Z  W  A  Y  R  S
T  E  S  E  N  C  A  D  R  E  M  E  N  T
```

AMMASSER COLLECTER REUNIR COLLECTION UNION RENCONTRER
VOLONTAIRES OCCASION ENCADREMENT PARTICULIER EXCEPTION
UNIQUE EVENEMENT DEVOUEMENT

Ivresse de noël

G	L	R	E	U	Q	N	I	R	T	N	C	N	H
M	U	A	H	K	V	B	D	D	R	J	P	O	T
A	T	D	C	I	N	E	V	E	M	E	A	I	E
C	T	Q	C	A	P	A	R	H	X	W	I	T	N
A	A	F	X	E	M	U	L	C	Z	E	L	A	T
R	R	I	N	L	O	T	E	G	U	A	L	M	A
O	G	S	Z	V	R	S	D	N	U	D	E	M	T
N	E	O	A	R	K	I	J	A	I	E	T	O	I
S	N	S	L	R	E	S	S	I	V	K	T	S	O
X	T	E	K	A	E	C	V	I	T	C	E	N	N
W	R	U	E	H	N	O	B	F	A	V	S	O	G
S	P	E	T	I	L	L	E	R	X	L	S	C	V
D	I	G	E	S	T	I	O	N	W	O	P	K	B
E	M	G	O	U	R	M	A	N	D	O	W	E	E

CONSOMMATION EXCES DEPENSES ARGENT PETILLER PAILLETTES
PLAISIR TRINQUER GOURMAND BONHEUR TENTATION
SAVOURER MACARONS DIGESTION

Encore des mots

```
T  N  E  M  E  T  U  O  V  N  E  S  V  I
F  C  O  Z  E  E  L  Z  H  D  Q  A  X  N
O  E  L  A  B  I  X  S  S  A  M  I  N  C
Y  L  M  H  L  Y  S  O  U  M  I  N  O  R
E  E  E  D  O  G  U  T  R  K  R  T  I  O
R  B  R  I  U  Y  R  E  P  U  A  E  T  Y
A  R  O  N  I  E  E  G  R  I  C  T  A  A
I  E  R  M  S  F  X  D  I  W  U  E  N  B
E  D  I  O  S  F  C  N  S  D  L  E  I  L
H  K  G  R  A  T  I  T  U  D  E  D  C  E
G  S  I  A  N  T  T  J  X  V  U  S  S  T
K  P  N  S  T  D  E  I  J  C  X  M  A  Z
O  P  A  I  S  I  B  L  E  Y  I  L  F  A
W  L  L  C  O  M  M  U  N  A  U  T  E  Q
```

CELEBRE GRATITUDE SAINTETE INCROYABLE EBLOUISSANT
MIRACULEUX FOYER PAISIBLE ORIGINAL COMMUNAUTE
ENVOUTEMENT FASCINATION SURPRIS SUREXCITE

Les traditions de noël

A	Z	C	O	U	T	U	M	E	V	I	R	P	F
D	E	M	R	A	T	H	L	S	E	E	E	E	E
S	S	E	L	U	O	B	W	A	Z	Y	V	P	R
E	Y	G	T	L	U	M	E	P	L	X	E	I	I
S	I	N	Y	E	R	X	A	I	U	T	I	P	A
I	O	I	D	E	N	I	Z	N	I	S	L	H	S
D	L	P	V	S	E	I	S	S	A	F	L	A	R
N	X	P	H	S	E	F	G	L	N	G	O	N	E
A	U	O	J	H	G	S	O	L	B	O	N	I	V
I	A	H	K	I	Q	C	R	I	C	H	J	E	I
R	E	S	I	J	I	D	M	Q	K	A	S	I	N
F	T	C	D	N	S	C	T	I	A	L	U	K	N
Q	A	C	O	M	M	E	R	C	E	B	C	V	A
W	G	X	D	H	X	V	T	E	F	F	U	B	X

BUFFET REVEILLON COMMERCE SHOPPING EPIPHANIE SAPINS
TOURNEE LAIT FRIANDISES NICOLAS COUTUME
BOULES ANNIVERSAIRE GATEAUX

L'esprit de noël

```
C  V  G  H  U  I  V  I  T  R  I  N  E  S
A  Z  G  A  L  E  R  I  E  S  X  W  S  C
S  F  E  T  S  E  L  E  C  L  S  I  O  O
D  V  I  M  L  K  I  T  Y  E  X  M  E  M
Z  M  O  L  F  G  T  E  H  E  M  U  H  M
N  Q  C  V  M  A  A  C  W  U  Q  I  T  E
S  O  R  I  C  S  O  J  N  I  M  E  K  R
R  E  I  G  K  R  A  I  S  Q  G  A  T  C
E  A  V  X  P  X  Q  U  L  D  I  Y  E  I
R  N  C  B  E  U  M  C  U  F  E  T  U  A
O  T  R  H  E  L  H  B  E  I  D  S  Q  L
C  X  W  R  A  G  F  G  E  H  J  I  A  L
E  E  V  B  C  T  K  E  D  I  E  R  P  P
D  Z  H  J  A  A  S  C  R  O  I  R  E  S
```

FILMS ACHATS MUSIQUE PROCHES REFLEXION GALERIES
COMMERCIAL VITRINES CROIRE DECORER COMMUNIQUER
PAQUET CELESTE BUDGET

Ça brille !

```
F  R  Q  A  Z  K  I  E  C  N  A  L  B  X
S  E  E  B  L  O  U  I  R  U  I  E  O  W
Z  N  Y  R  T  D  K  N  Z  I  A  K  U  P
S  T  W  P  A  R  U  R  E  N  Y  L  Q  A
C  I  X  S  Y  V  C  I  W  Z  L  M  U  I
I  N  U  W  U  E  R  A  P  Y  U  F  E  L
N  C  O  K  E  R  E  I  M  U  L  V  T  L
T  E  J  Z  Q  E  H  N  V  C  G  H  E
I  L  I  P  A  R  G  E  N  T  E  S  I  T
L  L  B  X  U  J  R  E  T  T  S  A  J  T
L  E  Q  A  L  L  U  M  E  R  C  R  L  E
E  S  Z  I  I  P  A  H  N  G  A  O  Z  S
R  O  L  U  S  T  R  E  R  A  S  W  D  T
B  V  M  I  R  P  F  R  A  G  I  L  E  Y
```

ETINCELLES EBLOUIR BOUQUET BLANC LUSTRER ALLUMER
BIJOUX ARGENTES PAILLETTES LUMIERE PARURE
FRAGILE SCINTILLER OR

Le sapin de noël

```
G  U  I  L  O  N  D  E  R  A  W  S  Z  E
R  V  O  S  C  I  N  T  I  L  L  A  N  T
Q  S  E  A  F  L  G  R  A  N  D  E  U  R
M  E  C  R  R  U  D  V  E  A  S  K  Q  Z
E  C  D  I  T  Z  S  Q  R  E  U  I  X  C
T  A  H  J  I  P  O  T  D  R  T  E  M  L
O  D  E  K  S  W  I  N  A  N  A  M  N  I
I  E  F  H  I  F  A  G  A  M  X  U  W  G
L  A  F  V  I  L  D  S  S  O  T  T  S  N
E  U  J  C  R  E  O  I  V  G  H  U  E  O
S  X  I  I  R  P  P  I  L  W  Y  O  L  T
A  E  U  A  M  E  E  H  C  E  R  C  U  E
L  G  A  I  L  L  R  E  X  V  B  C  O  R
E  H  F  Z  K  Y  F  O  R  E  T  M  B  N
```

VERT GRANDEUR GUIRLANDES ETOILES BOULES EPIS
CADEAUX SCINTILLANT IMPOSANT FORET CLIGNOTER
CRECHE ARTIFICIEL COUTUME

Que dire de plus ?

```
F Y B E T I S I E R D Y A P
A A F C U I S I N E I N S O
S X R E J W Z Q A A V E U R
E G E F F O R T E T E L C T
L H N S M R O P R C R F R E
O N E D V S C O U J T E E M
B I S O U L I E R K I S R O
M U I X E R U F F R S X I N
Y D E L I C I E U X S R E N
S S D V B H O T T E E T E A
A D N O Z O E F I T M L V I
E I O W S I E N M K E L C E
R T I P M X Q C W K N O I D
Y T A Z R E S S E R T S E D
```

FRENESIE DÉLICEUX EFFORT CHOIX DIVERTISSEMENT CUISINE
SOULIER SYMBOLES BETISIER DESTRESSER PORTEMONNAIE
ELFES SUCRERIE HOTTE

Noël en famille

```
N  D  I  S  T  R  I  B  U  T  I  O  N  R
A  M  B  C  T  E  N  S  I  O  N  S  D  C
Q  S  O  I  R  E  E  M  M  J  K  K  S  B
W  R  A  M  A  O  I  I  L  Q  V  N  V  N
F  E  L  C  E  M  N  T  E  F  I  K  S  T
R  F  A  S  J  N  I  L  X  S  R  S  E  A
E  E  R  I  B  I  T  S  U  M  R  A  P  N
P  X  W  E  M  L  F  O  G  U  H  A  U  T
E  T  B  A  R  M  C  J  E  Z  R  Y  O  E
L  E  D  S  T  E  N  O  G  E  K  L  H  I
C  I  B  Q  E  R  S  S  N  I  J  O  N  P
N  L  K  B  Z  A  P  T  X  D  E  E  I  M
O  X  W  S  R  Y  S  H  U  M  E  U  R  A
R  E  C  O  N  C  I  L  I  A  T  I  O  N
```

MOMENT COUSINS SOEURS FRERES PARENTS ONCLE
TANTE TENSIONS RECONCILIATION BEBE SOIREE
HUMEUR AMIS DISTRIBUTION

Après noël ?

A	S	D	F	G	H	J	M	L	K	I	N	Q	W
F	R	O	J	E	T	E	R	R	A	N	G	E	R
M	E	K	E	R	Z	V	B	Y	M	Y	A	N	V
L	T	T	N	E	T	T	O	Y	A	G	E	E	B
E	I	Z	W	X	C	W	A	R	I	B	Y	T	H
S	F	E	R	T	A	V	Y	E	P	B	H	N	X
J	O	U	E	R	L	F	F	P	D	A	O	E	E
S	R	Z	Q	O	M	K	T	R	I	E	R	T	E
X	P	Y	E	R	E	N	F	I	N	I	N	E	D
D	J	H	A	I	C	C	B	S	Q	Z	N	D	F
U	U	A	E	V	U	O	N	E	R	S	T	I	Z
I	R	E	M	B	O	U	R	S	E	M	E	N	T
Q	R	N	O	I	T	U	L	O	S	E	R	S	A
A	G	D	E	G	U	S	T	E	R	U	O	M	A

CALME NETTOYAGE REPRISE REMBOURSEMENT FIN RENOUVEAU
JOUER PROFITER JETER TRIER RANGER
DEGUSTER RESOLUTION DÉTENTE

Joyeux noël dans plusieurs langues

```
C  J  K  I  Z  S  W  L  A  T  A  N  F  G
V  C  N  A  T  A  L  E  G  M  L  O  N  B
J  H  N  D  Z  E  S  X  W  O  A  N  A  U
O  R  B  O  N  N  O  U  V  E  M  O  V  N
U  I  X  K  G  F  U  I  L  T  R  U  I  D
L  S  G  O  D  Y  U  L  Y  I  S  E  D  E
U  T  F  R  E  E  H  Y  M  K  W  L  A  N
A  M  W  Y  Y  E  C  O  N  A  V  H  D  A
X  A  K  E  R  S  T  F  E  E  S  T  A  L
C  S  D  G  O  D  J  U  L  E  I  J  I  N
V  Y  J  A  B  O  R  M  L  B  Y  Z  S  O
A  C  H  R  I  S  T  F  E  S  T  O  D  V
U  Z  A  E  F  F  I  R  C  C  O  V  N  E
L  I  P  F  J  I  K  Z  E  E  Q  A  P  M
```

CHRISTMAS CHRISTFEST NAVIDAD NATAL NATALE BONNOUVE
BUNDENA GODJUL KERSTFEEST NOUEL GODYUL
JOULUA VANOCE NOVE

Résumons pour finir

```
E M B E L L I S S E M E N T
E R I O T S I H D E A M I S
N I F W X C V B G E Y Y M X
A Q A E M I F A R T Q K P W
I J L I E W T Z H O U E O J
S E A J E R S E A O I E R T
S U E R A Q I H G V T D T R
A Q N P A U R E C Y J F A Z
N I B D O U C E U R S M N R
C T X G R A N D I O S E C A
E N A I S K L L I E U C E R
T A R E C O M P E N S E S I
G C T F A S N O I T O M E O
G N A R B R E F K I I W X M
```

FEERIE GRANDIOSE IMPORTANCE RECUEIL PARTAGE NAISSANCE CANTIQUE ARBRE EMOTIONS EMBELLISSEMENT RECOMPENSES MYTHE HISTOIRE DOUCEURS

Les
solutions

Z	T	G	U	F	E	S	T	I	V	I	T	E	S
C	O	M	M	E	M	O	R	A	T	I	O	N	M
P	R	T	A	I	Q	C	Z	F	E	S	O	P	A
E	S	G	V	C	S	W	E	E	N	K	N	C	G
C	A	R	T	I	F	I	C	E	S	S	M	H	H
N	E	U	Q	I	G	A	M	R	E	R	Y	A	I
E	G	X	O	I	Y	E	D	I	M	R	S	N	K
I	A	C	C	Z	I	H	F	Q	A	K	T	D	L
T	T	R	E	V	Z	I	E	U	A	F	I	E	M
A	R	T	A	E	E	P	L	E	U	T	Q	L	R
P	A	N	O	I	N	U	M	M	O	C	U	L	E
M	P	C	H	A	M	P	A	G	N	E	E	E	V
I	I	G	E	N	E	R	O	S	I	T	E	S	E
D	B	R	I	L	L	A	N	T	E	A	Z	I	S

La magie de noël

La nourriture

C	H	B	I	G	O	R	N	E	A	U	R	L	C
Y	E	T	I	L	I	A	F	A	R	C	E	R	H
C	S	C	W	E	E	G	H	M	Y	J	L	L	O
Z	C	R	A	S	H	F	O	D	E	V	A	M	C
O	A	E	R	E	I	D	M	T	V	L	N	K	O
U	R	V	R	N	O	C	A	H	O	T	G	H	L
E	E	E	O	G	A	D	R	V	K	C	O	J	A
H	O	T	G	I	M	A	R	R	O	N	U	E	T
F	T	T	C	A	L	K	E	B	G	I	S	U	E
I	S	E	R	T	O	A	S	T	S	V	T	I	P
U	U	S	E	A	U	Y	R	E	I	B	I	G	M
Q	I	E	T	H	Q	B	G	O	Z	T	N	V	E
A	Z	K	O	C	S	A	N	G	L	I	E	R	T
L	O	I	S	E	L	L	I	A	U	T	C	I	V

Quelques mots pour décrire noël

S	E	S	P	U	T	R	E	F	G	B	O	U	I
O	T	N	E	M	E	U	O	G	N	E	E	V	C
C	N	A	C	I	J	E	N	R	T	A	G	A	V
O	E	R	A	X	C	H	R	I	S	T	N	C	O
N	T	E	L	E	S	K	B	N	O	I	U	A	E
V	E	L	E	D	S	T	E	Q	S	T	O	N	U
I	D	I	N	Y	C	P	A	N	B	U	T	C	Q
V	L	G	D	E	R	O	C	M	D	M	E	I
I	O	I	R	A	L	D	S	I	D	E	A	S	L
A	Y	E	I	L	I	O	R	E	R	Z	N	D	O
L	B	U	E	W	M	A	U	W	Y	H	T	E	B
I	M	X	R	X	C	R	H	I	V	E	R	T	M
T	S	Y	M	L	T	I	A	H	U	O	S	E	Y
E	B	P	E	V	Z	N	I	E	R	A	P	I	S

Cadeaux

J P P R R E C E V O I R T E
N O Z A E G A L L A B M M N
O U U J S P E C L E R U H E
S P Q E N S P A E T L U D N
A E S U T Z I R U Q A D N N
P E S X P I N O W L L P M T
I S N D D O F T N G E A O X
N J A B M F A Q U L T X U L
T U B X R I B E U F T H E T
E D U I K F N C D J R M D O
S A R M D F H T C W E L F I
R E K U G E U O P I R K K A
L J S O S E T U A E V U O N
O X X H F R I P E E E O Z V A

Vêtements

L P R O B E T T R O U I C W
M U A E P A H C A K N S G R
A F H U O W X H E N A N C E
N O E V R E A I T V I O S S
T G L E I P H C F P U E E I
E N L X N X U I P E M V M D
A I U G G A N O X U Z C O R
U S P U A G H N T T R M R A
X S Q Y R S N S T N U J G L
H E Y A D A O L V E E A I U
S R H R F C C H I D X N O
E D C R M P A I C T E N I F
T H E Y A R G R S Q V L O L
P N R M Z E B O T T E S P B

Météo

```
M A K R E C H A U F F E R S
Z N H A Z L B T U E L I W C
O E O F E U N E F N Q B M O
D I X Z Z A R M R M S L E U
D G V G E L E P A P E I G V
S E A V O G V E I E G Z U E
A Y Q G S C U R C R U Z O R
L P Z I Q H N A H A L A L U
G O P V A T K T E E H R L U
R L T R T L W U U Z I D S R
E G N E C E D R R O K J M E
V R X T A U S E F U H C E R
X G U R I R E S N O C O L F
I S A I S O N N A L I T E F
```

24 décembre

```
M I T I U E S A G H X O R R
C A V I A R E T I F L L I D
H F T K W E U H A M N E V E
E M A N O I N U E R I V C S
M Q C C U F E L L I M A F S
I V D I S U T N E V A P N E
N C A P E R I T I F S G I R
E E N R E V E I L L O N O T
E K K E D H A I F R P T Q L
T Y A P Q C H A N T S A I Z
Y M V A K R I G O L A D E V
P E X S O Z C C I A R V Q R
X S F I T A R A P E R P V E
A Y Y N O T R X T I U N I M
```

25 décembre

```
N I T A M E R U T R E V U O
O F T E N K X I R A N N L M
E E N O I T I D A R T Q E T
L R E B S L S E M R A L X I
A K F R P R I E Q C O U T N
A J E L T E I N G X P Z A E
N B R Z B M R D A O B H S
O C I A F N Z E J H L J N
I O E A R O W B N M T U E A
T U Y P E R Y N E O L A C S
O T C R I E S K M U E M W S
M A Y T N Q W S E I R L O I
E N T H O U S I A S T E I A
P R E S E N T S S E T E F N
```

Gourmandise

```
P N A C O N F I S E R I E S
S V O X S Z E F S M T R I N
A O X U W S P U C C S L E D
E G J H G S B A A E I C Z W
I A V E T A N I C R C S P L
R T P B V P T I T O R V V C
E B R U A J L H T Z O T P A
S Q O N G E T A Q S X K I R
S P L I D R X R I T E N I I
I R O B S E K C E S X F B E
T U N V U S L O E A I A A S
A N G Z C A O P K S C R O K
P J E G R E M N X E C L U Y
Y A R D E G B W S A V E U R
```

Tendresse

E	R	T	P	P	B	B	E	A	E	M	I	T	N	I
T	C	A	L	I	I	N	S	N	O	P	I	P	T	V
O	U	M	U	S	G	C	G	X	R	A	O	A	A	T
Q	Z	F	T	O	W	X	E	U	B	M	S	K	K	E
A	R	G	G	U	I	Y	L	E	D	O	I	D	D	L
J	K	E	A	S	Q	F	I	R	E	U	T	L	L	L
H	C	O	S	Y	P	A	Q	U	T	R	I	L	L	I
E	W	D	B	E	E	R	U	L	O	V	V	A	A	U
M	R	I	C	R	A	C	E	L	R	C	I	Z	Z	O
T	X	H	Q	I	O	U	U	A	U	K	T	E	E	D
F	I	E	M	R	E	Q	I	H	O	P	E	N	N	T
C	A	L	I	U	N	S	G	C	T	U	R	E	E	V
E	P	A	N	O	U	I	S	S	E	M	E	N	N	T
E	T	D	W	S	E	N	B	V	R	K	H	C	C	Z

Marché de noël

S	P	C	L	A	D	E	C	O	R	S	Q	A	S
Z	V	P	M	U	S	I	Q	U	E	S	U	N	C
H	S	I	L	L	A	M	D	S	K	V	O	I	I
S	J	A	N	E	J	T	T	Y	E	I	R	M	N
P	C	M	A	S	G	E	U	R	T	S	Z	A	T
E	H	Y	K	E	L	T	S	A	C	I	V	T	I
C	O	D	M	A	G	W	R	Z	P	T	O	I	L
I	R	M	H	L	A	O	B	R	N	E	E	O	L
A	A	C	T	Z	C	O	W	B	Q	S	E	N	A
L	L	Y	H	E	G	E	N	A	M	U	D	P	N
I	T	K	D	I	Y	Z	Z	Y	E	T	N	L	T
T	S	P	E	C	T	A	C	L	E	S	B	O	O
E	P	O	S	E	R	T	N	O	C	N	E	R	X
S	P	A	C	R	B	G	H	R	R	A	M	Q	W

Existent-ils vraiment ?

I	M	Z	C	C	R	F	E	E	R	I	E	A	L
N	L	Q	L	E	T	T	R	E	Z	Y	Q	M	V
L	G	C	G	E	Y	R	Y	B	V	T	V	R	Y
A	C	R	H	H	A	E	J	U	O	W	D	E	R
E	N	O	U	P	A	V	K	A	L	X	N	N	I
R	A	Y	X	L	Z	E	D	E	E	C	S	N	I
E	D	A	U	O	W	U	O	N	R	V	N	E	G
T	P	N	Q	D	C	R	D	I	U	U	I	U	Q
N	M	C	W	U	B	Z	N	A	A	I	T	R	M
O	L	E	B	R	A	B	F	R	E	J	U	H	L
C	O	B	T	R	K	E	C	T	T	K	L	J	C
Q	T	L	A	P	O	N	I	E	S	A	M	I	X
Z	I	N	M	T	L	E	O	N	E	R	E	M	Z
Q	I	R	R	A	T	I	O	N	N	E	L	X	A

Noël à travers le monde

Q	U	T	R	A	D	I	T	I	O	N	S	V	K
C	C	P	S	R	E	K	C	A	R	C	E	I	I
H	O	U	X	M	E	R	O	T	H	J	A	A	C
R	I	D	O	P	V	V	M	H	N	Y	B	C	E
I	S	D	C	T	O	R	M	A	G	H	G	Q	L
S	I	I	D	W	Y	A	U	N	T	Z	J	K	E
T	B	N	R	R	A	N	N	K	L	T	E	T	B
M	A	G	E	S	G	Z	Z	S	H	E	U	Q	R
A	S	B	Y	L	E	N	I	G	R	P	P	Z	A
S	A	N	T	A	S	U	Q	I	F	F	E	W	T
B	I	S	C	U	I	T	S	V	E	U	O	L	I
C	N	T	Z	N	O	R	D	I	Q	U	E	B	O
K	T	A	D	D	R	U	I	N	R	W	C	E	N
E	S	A	P	Y	I	L	J	G	K	Y	N	M	O

Décoration intérieure

```
N  T  Y  U  M  Z  S  E  I  G  U  O  B  A
L  Z  W  H  U  U  N  O  L  L  I  R  A  C
E  A  T  X  I  O  F  Q  C  F  N  C  B  P
C  B  S  E  T  T  E  S  S  U  A  H  C  R
D  X  E  R  W  N  U  B  B  C  D  A  Y  P
I  Q  R  H  C  E  M  I  H  O  R  N  L  P
L  L  K  Z  T  D  Y  A  E  U  E  D  S  A
F  J  A  J  R  U  U  D  E  R  S  E  S  R
T  N  E  M  E  N  R  O  N  O  S  L  V  A
W  R  I  V  V  T  O  R  I  N  E  L  B  T
R  Z  X  W  J  H  U  E  M  N  S  E  E  I
S  C  N  I  T  I  G  E  E  E  L  S  K  O
I  T  P  A  G  B  E  B  H  D  A  V  M  N
W  I  T  N  A  L  L  E  C  N  I  T  E  S
```

Décoration extérieure

```
B  I  L  L  U  M  I  N  A  T  I  O  N  S
N  A  V  B  O  N  H  O  M  M  E  R  Z  X
I  H  W  E  Q  R  R  A  M  U  L  I  L  M
D  K  E  L  R  E  C  X  Y  T  T  Q  B  A
R  Q  S  E  I  D  E  L  O  P  M  L  C  J
A  R  Y  N  W  X  U  D  E  H  U  I  P  E
J  O  E  K  K  M  J  R  A  Y  H  T  L  S
A  R  Z  X  I  E  S  U  E  C  M  B  N  T
G  C  C  N  T  O  X  U  E  S  A  G  N  U
Q  R  E  Z  N  I  D  D  A  L  F  F  Z  E
W  U  Q  N  S  H  U  Y  F  T  E  I  L  U
X  J  A  R  E  E  U  N  O  P  C  D  Z  X
S  G  N  L  K  T  O  P  A  R  J  I  J  X
E  S  C  Z  E  G  A  R  I  A  L  C  E  H
```

14 mots pour décrire Noël

S	S	M	L	E	D	U	T	I	B	A	H	H		W	X
B	A	F	E	T	E	S	V	S	R	O	U	J		J	C
L	E	X	R	E	L	A	X	A	T	I	O	N			U
P	N	S	A	C	R	E	T	R	E	S	D	D			L
Q	F	H	C	T	N	A	P	M	I	P	X	M			T
H	A	G	Y	B	X	E	E	K	G	O	R	Z			E
V	N	E	N	S	E	M	B	L	E	C	B	L			T
N	C	T	T	Y	X	U	E	Y	O	J	R	E			Z
B	E	D	F	I	A	Z	R	U	E	P	U	T			S
Y	Q	X	F	R	O	I	D	I	Q	Z	M	L			B
R	E	O	F	G	H	N	I	V	I	D	V	Z			S
E	C	B	V	D	A	A	R	O	M	K	Y	T			P
A	R	E	L	I	G	I	E	U	X	T	R	Z			H
V	B	I	U	E	G	H	L	K	E	S	S	E			M

La naissance

A	C	U	L	T	U	R	E	L	L	E	Q	F	G
G	T	U	P	Y	E	S	I	L	G	E	P	E	M
E	C	N	A	S	S	I	A	N	E	R	M	O	C
W	X	E	A	V	C	J	H	I	H	S	Z	B	H
E	T	C	L	O	C	H	E	D	I	O	L	I	R
T	Q	Z	A	J	K	V	D	L	S	L	M	B	E
I	U	I	R	F	I	S	O	K	T	S	N	L	T
V	J	E	S	U	S	B	K	L	O	T	C	I	I
I	Z	R	E	E	M	K	W	Z	I	I	V	Q	E
T	S	E	J	Y	B	D	E	Q	R	C	O	U	N
A	F	H	S	K	A	U	L	L	E	E	V	E	J
N	E	V	A	N	G	I	L	E	B	B	W	X	S
Z	J	T	A	L	L	E	L	U	I	A	M	N	E
A	Q	P	P	C	R	O	Y	A	N	C	E	T	R

Echange

R	A	E	T	I	U	T	A	R	G	X	C	V	D
P	N	R	T	Q	A	H	M	S	B	E	E	I	Z
A	O	K	L	H	C	J	E	R	R	D	S	Y	Y
R	I	Q	W	T	B	N	O	B	N	C	R	D	V
T	T	E	U	T	N	C	Q	A	U	I	E	J	K
I	P	N	N	E	A	M	R	S	N	M	T	L	P
C	E	R	R	N	I	F	S	E	U	R	A	R	A
I	C	T	T	V	F	I	V	N	E	R	I	O	P
P	E	E	Z	O	O	U	I	Y	C	E	C	L	Q
A	R	V	E	N	O	S	A	N	R	G	G	E	R
T	F	R	S	S	F	N	Z	E	W	H	J	K	J
I	M	E	R	Q	N	G	S	I	N	C	E	R	E
O	L	J	D	O	N	A	T	I	O	N	F	T	X
N	R	E	M	B	O	U	R	S	E	M	E	N	T

Repas de Noël

C	X	X	B	U	L	L	E	S	Q	H	J	K	L
N	E	B	V	K	J	H	Z	N	A	P	P	E	S
A	N	E	R	E	C	E	T	T	E	S	P	I	Z
A	T	H	I	C	A	N	A	P	E	S	A	X	V
M	R	C	R	D	T	Y	H	J	L	K	G	C	C
Z	E	U	Q	V	E	P	U	O	C	U	N	I	I
G	E	B	V	T	N	A	L	L	I	T	E	P	A
F	Y	E	E	Q	C	V	K	L	J	H	A	Z	R
H	H	S	D	S	A	I	U	D	R	T	U	P	P
Q	U	A	N	Z	C	T	J	J	P	L	Y	M	L
V	I	S	I	N	V	I	T	A	T	I	O	N	X
H	T	L	D	R	Y	G	N	O	T	U	O	M	A
D	R	F	E	V	B	N	W	S	Z	I	M	N	A
S	E	X	C	R	A	B	E	S	P	T	J	D	Q

L'ambiance

E	L	L	E	N	N	O	I	T	P	E	C	X	E	
B	C	B	E	T	N	A	S	O	P	E	R	S	M	
E	Q	H	Z	E	P	L	L	O	T	K	B	E	A	
X	F	D	A	E	N	L	N	N	W	L	K	G	G	
C	E	W	N	L	H	Z	A	R	E	T	E	N	N	
I	L	K	I	Y	E	D	T	I	Q	M	S	O	I	
T	A	Z	M	Q	I	U	R	A	S	I	C	C	F	
A	O	X	E	P	S	O	R	E	P	A	L	L	I	
T	F	V	E	B	H	H	P	E	R	T	N	A	Q	
I	A	R	Q	P	Z	X	C	M	U	A	I	T	U	
O	T	O	U	T	Y	L	I	K	J	S	G	Z	E	
N	E	E	T	C	A	R	T	N	O	C	E	D	V	
F	L	A	M	B	O	Y	A	N	T	E	O	P	Y	
H	A	R	M	O	N	I	E	U	S	E	E	R	F	

La liste au Père Noël

G	H	J	A	Z	P	R	D	D	O	U	I	Q	F	
H	E	N	V	I	E	R	R	T	R	I	S	E	D	
L	A	A	N	O	U	N	O	U	R	S	V	B	C	
M	S	E	R	V	I	L	A	L	E	G	O	N	N	
T	S	C	V	W	X	H	K	J	I	T	R	D	R	
A	I	V	E	L	O	S	P	C	O	K	X	E	W	
T	G	H	A	Z	A	N	N	U	R	W	Y	M	T	
T	P	S	A	G	E	O	A	S	Z	V	I	A	M	
E	R	X	U	A	M	I	N	A	L	Z	U	N	O	
N	M	R	A	T	Y	U	D	X	J	F	L	D	F	
T	I	J	H	M	O	C	S	X	W	C	D	E	H	
E	A	O	R	G	A	N	I	S	A	T	I	O	N	
Q	Y	T	V	Z	O	X	U	E	O	V	L	A	N	
R	T	C	A	P	R	I	C	E	S	H	G	F	D	

Les vœux de noël

```
I R I C H E S S E E X E W A
L S P A T G H J T A U U S C
P U A D B B O N H E U R E C
E Q Y N L E O S Y O Z M R O
M H H R T L M L H J R I E M
S K X N O E N D F A E R N P
I O P V Q R J U T Q U U I L
U C A I T A R I R A S E T I
R I R E S C K H O N S L E R
T A M I T I E O E B I L V E
L S A Z T K O I X Q T I D F
A S F H T U E I O J E E B Y
K W T O L E R A N C E M Z M
H B I E N V E I L L A N C E
```

Idées cadeaux originaux

```
L L E C O U T E U R A J D V
A D I S T R I B U T E U R P
D N E P S J I E M P M A A O
R T P R Z R U I L O O H G R
O F L O K E G P T Y N L E Z
N E A J K I S E S R T A U T
E T I E Q R A I A E R M N E
V N D C I D W G Z T E P R R
C I U T T N A N W S S E Y F
R E S E D E P O V O R D T F
U C A U K L G I I P P U K O
S N I R O A N R E Q M O J C
Z E I J H C B A T T E R I E
S R E S I L A N N O S R E P
```

Rassemblement

D W R E I L U C I T R A P O
K R E N C O N T R E R U T N
J A M A S S E R X E C N O E
O C V H A Z Q S U M E I N V
C T O F C U O Q J M T O L E
C N L Y Z O I A E C M N L N
A O O F I N L U E R S K I E
S I N S U Z O L X X H O R M
I T T Q A V L L E S E N I E
O P A V E O R I U C Z W N N
N E I D C K J R U L T H U T
V C R E R T A T D V J E E A
H X E I M N Q S Z W A Y R S
T E S E N C A D R E M E N T

Ivresse de noël

G L R E U Q N I R T N C N H
M U A H K V B D D R J P O T
A T D C I N E V E M E A I T E
C T Q C A P A R H X W I T N T
A A F X E M U L C Z E L A T A
R R I N L O T E G U A L M A T
O G S Z V R S D N U D E T O I
N E O A R K I J A I E T O I N
S N S L R E S S I V K T S O S
X T E K A E C V I T C E N N
W R U E H N O B F A V S O G
S P E T I L L E R X L S C V
D I G E S T I O N W O P K B
E M G O U R M A N D O W E E

Encore des mots

T	N	E	M	E	T	U	O	V	N	E	S	V	I
F	C	O	Z	E	E	L	Z	H	D	Q	A	X	N
O	E	L	A	B	I	X	S	S	A	M	I	N	C
Y	L	M	H	L	Y	S	O	T	M	I	N	O	R
E	E	E	D	O	G	U	T	R	K	R	T	I	O
R	B	R	I	U	Y	R	E	P	U	A	E	I	Y
A	R	O	N	I	E	E	G	R	I	C	T	A	A
I	E	R	M	S	F	X	D	I	W	U	E	N	B
E	D	I	O	S	F	C	N	S	D	L	E	I	L
H	K	G	R	A	T	I	T	U	D	E	D	C	E
G	S	I	A	N	T	T	J	X	V	U	S	S	T
K	P	N	S	T	D	E	I	J	C	X	M	A	Z
O	P	A	I	S	I	B	L	E	Y	I	L	F	A
W	L	L	C	O	M	M	U	N	A	U	T	E	Q

Les traditions de noël

A	Z	C	O	U	T	U	M	E	V	I	R	P	F
D	E	M	R	A	T	H	L	S	E	E	E	F	E
S	S	E	L	U	O	B	W	A	Z	Y	V	P	R
E	Y	G	T	L	U	M	E	P	L	X	E	I	I
S	I	N	Y	E	R	X	A	I	U	T	I	P	A
I	O	I	D	E	N	I	Z	N	I	S	L	H	S
D	L	P	V	S	E	I	S	S	A	F	L	A	R
N	X	P	H	S	E	F	G	L	N	G	O	N	E
A	U	O	J	H	G	S	O	L	B	O	N	I	V
I	A	H	K	I	Q	C	R	I	C	H	J	E	I
R	E	S	I	J	I	D	M	Q	K	A	S	I	N
F	T	C	D	N	S	C	T	I	A	L	U	K	N
Q	A	C	O	M	M	E	R	C	E	B	C	V	A
W	G	X	D	H	X	V	T	E	F	F	U	B	X

L'esprit de noël

```
C V G H U I V I T R I N E S
A Z G A L E R I E S X W S C
S F E T S E L E C L S I O O
D V I M L K I T Y E X M E M
Z M O L F G T E H E M U H M
N Q C V M A A C W U Q I T E
S O R I C S O J N I M E K R
R E I G K R A I S Q G A T C
E A V X P X Q U L D I Y E I
R N C B E U M C U F E T U A
O T R H E L H B E I D S Q L
C X W R A G F G E H J I A L
E E V B C T K E D I E R P P
D Z H J A A S C R O I R E S
```

Ça brille !

```
F R Q A Z K I E C N A L B X
S E E B L O U I R U I E O W
Z N Y R T D K N Z I A K U P
S T W P A R U R E N Y L Q A
C I X S Y V C I W Z L M U I
I N U W U E R A P Y U F E L
N C O K E R E I M U L V T L
T E J Z Q E E H N V C G H E
I L I P A R G E N T E S I T
L L B X U J R E T T S A J T
L E Q A L L U M E R C R L E
E S Z I I P A H N G A O Z S
R O L U S T R E R A S W D T
B V M I R P F R A G I L E Y
```

Le sapin de noël

```
G U I L O N D E R A W S Z E
R V O S C I N T I L L A N T
Q S E A F L G R A N D E U R
M E C R R U D V E A S K Q Z
E C D I T Z S Q R E U I X C
T A H J I P O T D R T E M L
O D E K S W I N A N A M N I
I E F H I F A G M X U W G
L A F V I L D S S O T T S N
E U J C R E O I V G H U E O
S X I I R P P I L W Y O L T
A E U A M E E H C E R C U E
L G A I L L R E X V B C O R
E H F Z K Y F O R E T M B N
```

Que dire de plus ?

```
F Y B E T I S I E R D Y A P
A A F C U I S I N E I N S O
S X R E J W Z Q A A V E U R
E G E F F O R T E T E L C T
L H N S M R O P R C R F R E
O N E D V S C O U J T E E M
B I S O U L I E R K I S R O
M U I X E R U F F R S X I N
Y D E L I C I E U X S R E A
S S D V B H O T T E E T E A
A D N O Z O E F I T M L V I
E I O W S I E N M K E L C E
R T I P M X Q C W K N O I D
Y T A Z R E S S E R T S E D
```

Noël en famille

```
N  D  I  S  T  R  I  B  U  T  I  O  N  R
A  M  B  C  T  E  N  S  I  O  N  S  D  C
Q  S  O  I  R  E  E  M  M  J  K  K  S  B
W  R  A  M  A  O  I  I  L  Q  V  N  V  N
F  E  L  C  E  M  N  T  E  F  I  K  S  T
R  F  A  S  J  N  I  L  X  S  R  S  E  A
E  E  R  I  B  I  T  S  U  M  R  A  P  N
P  X  W  E  M  L  F  O  G  U  H  A  U  T
E  T  B  A  R  M  C  J  E  Z  R  Y  O  E
L  E  D  S  T  E  N  O  G  E  K  L  H  I
C  I  B  Q  E  R  S  S  N  I  J  O  N  P
N  L  K  B  Z  A  P  T  X  D  E  E  I  M
O  X  W  S  R  Y  S  H  U  M  E  U  R  A
R  E  C  O  N  C  I  L  I  A  T  I  O  N
```

Après noël ?

```
A  S  D  F  G  H  J  M  L  K  I  N  Q  W
F  R  O  J  E  T  E  R  R  A  N  G  E  R
M  E  K  E  R  Z  V  B  Y  M  Y  A  N  V
L  T  T  N  E  T  T  O  Y  A  G  E  E  B
E  I  Z  W  X  C  W  A  R  I  B  Y  T  H
S  F  E  R  T  A  V  Y  E  P  B  H  N  X
J  O  U  E  R  L  F  F  P  D  A  O  E  E
S  R  Z  Q  O  M  K  T  R  I  E  R  T  E
X  P  Y  E  R  E  N  F  I  N  I  N  E  D
D  J  H  A  I  C  C  B  S  Q  Z  N  D  F
U  U  A  E  V  U  O  N  E  R  S  T  I  Z
I  R  E  M  B  O  U  R  S  E  M  E  N  T
Q  R  N  O  I  T  U  L  O  S  E  R  S  A
A  G  D  E  G  U  S  T  E  R  U  O  M  A
```

Joyeux noël dans plusieurs langues

C	J	K	I	Z	S	W	L	A	T	A	N		F	G
V	C	N	A	T	A	L	E	G	M	L	O		N	B
J	H	N	D	Z	E	S	X	W	O	A	N		A	U
O	R	B	O	N	N	O	U	V	E	M	O		V	N
U	I	X	K	G	F	U	I	L	T	R	U		I	D
L	S	G	O	D	Y	U	L	Y	I	S	E		D	E
U	T	F	R	E	E	H	Y	M	K	W	L		A	N
A	M	W	Y	Y	E	C	O	N	A	V	H		D	A
X	A	K	E	R	S	T	F	E	E	S	T		A	L
C	S	D	G	O	D	J	U	L	E	I	J		I	N
V	Y	J	A	B	O	R	M	L	B	Y	Z		S	O
A	C	H	R	I	S	T	F	E	S	T	O		D	V
U	Z	A	E	F	F	I	R	C	C	O	V		N	E
L	I	P	F	J	I	K	Z	E	E	Q	A		P	M

Résumons pour finir

E	M	B	E	L	L	I	S	S	E	M	E	N		T
E	R	I	O	T	S	I	H	D	E	A	M	I		S
N	I	F	W	X	C	V	B	G	E	Y	Y	M		X
A	Q	A	E	M	I	F	A	R	T	Q	K	P		W
I	J	L	I	E	W	T	Z	H	O	U	E	O		J
S	E	A	J	E	R	S	E	A	O	I	E	R		T
S	U	E	R	A	Q	I	H	G	V	T	D	T		R
A	Q	N	P	A	U	R	E	C	Y	J	F	A		Z
N	I	B	D	O	U	C	E	U	R	S	M	N		R
C	T	X	G	R	A	N	D	I	O	S	E	C		A
E	N	A	I	S	K	L	L	I	E	U	C	E		R
T	A	R	E	C	O	M	P	E	N	S	E	S		I
G	C	T	F	A	S	N	O	I	T	O	M	E		O
G	N	A	R	B	R	E	F	K	I	I	W	X		M